An Anthology of
Jamaican Conversations

SHELLEY SYKES-COLEY

CHAT
'BOUT!

An Anthology of
Jamaican Conversations

BALBOA.
PRESS
A DIVISION OF HAY HOUSE

Balboa Press books may be ordered through booksellers or by contacting:

Balboa Press
A Division of Hay House
1663 Liberty Drive
Bloomington, IN 47403
www.balboapress.com
844-682-1282

Print information available on the last page.

ISBN: 978-1-9822-0095-4 (sc)
ISBN: 978-1-9822-0097-8 (hc)
ISBN: 978-1-9822-0096-1 (e)

Library of Congress Control Number: 2018904616

Balboa Press rev. date: 12/08/2020

Permission to use Materials of
Dr. the Honourable Louise Bennett Coverley,
has been granted by the Executors of the
LBC, Estate, Judge Pamela Appelt, and
Fabian Coverley, B.Th,
emails appelt@cogeco.ca, & fcoverley@gmail.com

Book design by Frederick Broadus
Illustrations by Andrae 'Vance' Francis

DEDICATION

To mi madda an' fadda,
Gloria an' Junior;
mi husban', André, an' di res' of mi fambily;
an' also to mi mongrel dawg dem,
Tinkabell, Smith an' Jones, Kamakaze,
Lulu, Black Jack, Blondie an' Wimpy.

Jamaican people in dem free spiritedness
in dem purity
in dem Caribbeaness
in dem Blackness
in dem cunning and industriousness
in dem 'tuppidness [sic] and imperfection
is precious Jamaican people in dem free spiritedness

Dr. the Hon. Louise Bennett Coverley, OM, OJ, MBE
(Miss Lou)

CONTENTS

RUNNIN' BELLY

Pg. 50

ACKNOWLEDGEMENTS

I would like to express my gratitude to all the persons who have been invaluable to the completion of this book and highly instrumental in preventing me from getting 'runnin' belly' during the process.

Above all others, I give God thanks for every door that He has opened for me to get to this point, and for everything else that He has done, and continues to do in my life. Tenk yu, Jezas!

To the staff of Balboa Press, thank you for your guidance and able assistance along my journey to publish *Chat 'Bout! An Anthology of Jamaican Conversations*. Special thanks to the exceptionally talented Frederick Broadus and Andrae 'Vance' Francis, for their wonderful design and illustrations respectively, which have brought this book to life.

I am immensely grateful to my husband, André; my family, and faithful friends, for being my sounding board and source of constant encouragement. I am also deeply indebted to the numerous persons who generously gave of their time and talent to vet this manuscript, to whom I am most thankful. My heartfelt thanks too, to those persons who provided an opportunity to share my work with their audiences, both big and small.

To all the people who heard my work and laughed, gave an encouraging word, or asked me if I had a book, I could not have done it without you either. Thank you for the motivation to 'chat 'bout' my experiences as a Jamaican and to give a voice to all the characters in my head.

One love.

SEH FEH

Pg. 61

INTRODUCTION

CHAT 'BOUT!
An Anthology of Jamaican Conversations

Inspired by Jamaica's rich legacy of oral tradition, *Chat 'Bout! An Anthology of Jamaican Conversations*, is a celebration of the Jamaican dialect, Patois or Patwa, and our penchant for storytelling. Meaning to talk about a subject in an informal way, *Chat 'Bout!* is a collection of familiar conversations about a common shared experience, that conveys a slice of life of things Jamaican.

Our oral traditions play an integral role in the preservation of our cultural identity. Born from strong ancestral roots and passed down from generation to generation, this shared worldview defines us as a people, connects us to our past, and makes us unique.

A light-hearted expression of our unified identity and the collective memory of experiences that we share through conversation, *Chat 'Bout* takes a humorous look at the mundane aspects of Jamaican life and speaks to the indomitable Jamaican spirit that makes us 'likkle but tallawah' and gives us the ability to 'tek bad tings mek laugh'.

It is my hope, that not only will you be thoroughly entertained by *Chat 'Bout!* and identify with the idiosyncrasies highlighted within, but that it will stir memories and conversation, and a desire to preserve the tradition of storytelling in your own homes.

CRUKKIN' LIZZAD

Mi 'fraid of crukkin' lizzad bad-bad, yu see?
Dem mek mi blood run cowl cah me an' dem no 'gree.
Dem strike so-so fear inna mi heart
when dem a croak at night;
mek mi tun fool-fool when mi ketch dem sight!

Mi no inna namin' dem like people do dem pet,
far me neva meet a crukkin' lizzad dat mi eva like yet.
Almighty, if one eva drop 'pon mi, mi woulda jus' dead;
mi woulda have conniption if one eva crawl inna mi bed!

Dem jus' stare 'pon yu, wid dem likkle black, beady yeye,
jus' a wait an' a watch fi see when time fi slide by.
Fram behin' di painting dem, dem jus' a watch mi evr'y ac',
ready fi creep up 'pon mi an' launch dem sneak attack.

Craak! Craak! Craak! mi hear dem a call;
dem a sen' message to dem one anedda
fi congregate 'pon mi wall.
Dem a plan fi hide-up inna mi shoes
an' jump 'pon mi back,
true dem waan fi gimmi one heart attack!

An' true dem hide-up, hide-up, all ova di place,
dem tun me inna one paranoid mental case;
far dem tek up rent-free residence eena mi house
an' dem harda fi get ridda dan chinks an' louse.

When mi see a crukkin' lizzad, all me feel a stress,
nat to mention when dem lef dem callin' card
all ova mi address.
Di way mi 'fraid a crukkin' lizzad,
gunman wouldn't need no gun;
dem coulda tek anyting dem waan fram mi,
if dem tek one run mi dung.

Mi 'specially 'fraid a dem
when dem a walk upside down 'pon di ceiling,
so, me always a watch dem wid a sinking feeling;
jus' a wait 'pon dem fi leggo an' drop
'pon di ceramic tile wid a sickenin' *plop!*

Anytime mi buck-up a crukkin' lizzad,
is a blood curdlin' scream;
dat is why me haffi tek crukkin' lizzad extermination
to di extreme.
Me an' dem cannot live, so one a we haffi dead;
but massa, it mighta be me, if one eva drop inna mi head!

T20 CRICKET

Mi cyaan stop now, mi a go buy mi ticket
fi go watch di T20 cricket!
Mi waan fi see when di wicket dem a fall
an' di bounsa dem a bowl wid di new bran' ball.

Mi a go wave mi han' dem like fan, fi ev'ry ball mek four;
mi two finga dem inna di sky when di six dem score.
Howzat! an' *Bowled!* mi a go shout,
when man get caught behind, or stumps get lick out.

Me waan fi see some fancy pull, hook, or sweep,
an' fi see if di 'keepa can really keep.
Mi waan fi see nuff runs puddung 'pon di board,
an' mi well waan fi see some big century scored!

Mi yeye dem a go glue on 'pon dat deh cricket field,
fi see if dem a go walk or win di appeal.
Me waan fi see which team a go fold,
cah di match not ova 'til di last ball bowled.

When nine man gawn an' a jus' one wicket,
dat mek fi some excitin' cricket!
Di way mi excited, mi jus' cyaan wait.
Me fus a go troo Sabina Park gate!

CARNIVAL LAMENT

Carnival is a time dat rev'las hol' dear,
wid t'ree months of fetin' fi prepare ev'ry year;
fi play Pretty Mas 'pon Road March Day,
an' parade ev'ryting outadoor 'pon public display.

Di elaborate headdress dat dem wear,
have more material an' fedda
dan di res' of di Pretty Mas costume,
when yu put dem togedda.
Dem have more make-up an' glitta a wear 'pon dem skin,
dan di so-so sequin an' fedda dat tie-up wid string!

Dem baddy a strain di material like it waan fi explode
outa di likkle piece a nutten dem a wear 'pon di road.
Di way di costume dem so skimpy, it only lef' to chance,
dat nutten nuh jump out when dem start fi dance!

Den yu always have some rev'las jumpin' eena di ban',
dat figet when dem misbehavin' an' gettin' outa han' —
dat di camera-man always jus' at di right angle,
fi zoom in 'pon di likkle triangle.

Is drunken rev'lery mek dem lose dem inhibition,
fi mek dem get ketch inna compromising position;
cah mos' time is not dem woman or man,
dat dem get ketch wid winin' up 'pon.

When rum buss up inna some a dem head
an' dem winin' up 'pon s'maddy partna instead,
dem use carnival as excuse fi gi dem partner bun
an' live fi regret it when di bacchanal done.

Cah dose dat satisfy dem hedonistic nature
an' unfortunately experience prophylactic failure,
lament dat dem livin' in suspense dat maybe
nine-months-time, dem havin' a carnival baby.

NAT'RAL HEALIN'

Jamaica is a lan' dat naturally bless
wid herbs fram nature's medicine ches'.
Maroon herbalists have long had di key
to wi ancient healin' herb repository.

Jamaican herbs potent an' a di bes' fi nat'ral healin',
so steep likkle ginger tea fi stap bad feeling.
Fi billiasness, drink a likkle search-mi-heart tea,
an' wash yu system out good wid bitter cerasee.

Fi sore troat, chew garlic, honey an' lime togedda,
an' tek leaf of life fi bring down yu presha.
Drink duppy gun tea an' sap up wid white rum fi cole,
den wrap up yu ches' warm an' cova yu mole.

Tek bizzy tea or pennyroyal fi get ridda bellyache,
an' tie lime leaf 'pon yu forehead, fi cure yu headache.
Dem seh lily of di valley
good fi treat bad heart condition,
an' guinea-hen weed or gully root,
put cancer in remission.

Weh good fi yu nerves,
a soursop leaf an' ram goat roses;
an' piss-a-bed will help yu
wid bladder an' bad liva diagnoses.
Drink nuff Irish moss fi mek yu skin pretty an' clean,
an' tuna plant good fi yu hair an' give it nice sheen.

Chew stick mek a natural toothbrush dat clean yu teet,
an' peppermint mek yu breath smell nice an' sweet.
Fi nausea an' indigestion, nutmeg or ginger is key,
fi root out di gas an' mek fart be free.

Yu fi tek ram goat dash fi increase yu sex drive;
chaney root or medina fi help di 'dead' revive.
Strong back help raise man flag up from half-mas'
an' yu fi gi yu man horny goat weed fi mek him las'.

Drink aloe vera or sinkle-bible
fi strengthen up yu consitution,
or fi burns an' wounds,
comfrey poultice a di solution.
Fi cole an' feva,
drink jack in di bush an' carry mi seed;
an' fi asthma an' glaucoma,
drink di tea an' smoke di good weed.

Jamaican herb, dem seh it a di bes'
fi deal wid pain, anxiety an' stress.
So, di nex' time dat yu havin' any bad feelin',
try some Jamaican nat'ral healin'.

Disclaimer: This poem is strictly for entertainment purposes only.
It is not intended to dispense medical advice or make any claim of
cure for any illness.

23

FLUFFY DIVA

Some people tink dat big girls not pretty.
Well, me is fluffy an' fabulous, jus' like Miss Kitty.
Haters can always call me "wagga-wagga",
but dem is jus' jealous of my sexy swagga.

Some call me "fat", but dem fava duppy;
me naw watch dat, cause me is fluffy.
Me a di irie dawta, me a di queen;
me a di empress, di love machine.

My fruits dem ripe, me is a juicy plum;
me a di queen bee, sexy cyaan done.
My curves dem dangerous, approach wid care;
my fluffiness mek man stap an' stare.

Me is a sex bomb, me will mek yu explode;
one look 'pon me an' yu will drop yu load.
Me is a sex pistol, me will pull yu trigga;
me will pop yu cork wid mi full figure.

My body hotta dan two peppa seed;
me is a not a wide load, mi built fi speed.
Me proud fi roun' like a English poun',
cah me a di fluffy diva, an' a me wear di crown.

NIGHT NOISE

As soon as mi close mi yeye at night an' try fi fall asleep,
is always dat deh time, dat dem decide,
di session fi start fi keep.
Di DJ him, jus' a chat pure rubbish 'pon di mike,
a chat 'bout woman fi "broad out" an' dem deh kina tripe.

Di reverb so loud an' di bass pulsatin' so deep,
mi cyaan even ketch a likkle riddim fi try fi fall asleep.
Ev'ry minute dem a soun' di alarm, loud, insida mi ears,
an' mi feel so tiad now, dat mi almos' reduce to tears.

Mi mussi call di police 'bout one t'ousan' time,
but not a livin' soul woulda badda fi ansa, when mi call 119.
Ev'rytime di numba ring out 'til mi get di dial tone;
by dat time, mi so mad, mi ready fi bruk up di phone.

Mi imagine seh all di police dem
jus' a cock up dem big foot down at di station,
an' a ignore all a mi call dem, to mi growin' frastration.
Tank Gad a nuh dead mi a dead, mi tink an' start fi cuss;
dis time di music an' mi head—di two a dem a bus'.

Den di DJ tun di music up even louda,
like a me him a try fi spite;
fi mek mi headache get wuss, an' mi head start fi feel tight.
But when mi decide fi really get bringle
an' start fi get well dark,
a when di dog dem decide seh dat dem fi join een,
an' start fi howl an' bark.

Mercy! A t'ree o'clack now, an' mi still cyaan sleep!
Mi jus' a count-down di owa dem 'til mi alarm a go beep.
Mi start fi wish dat eeda me or di soun', woulda jus' dead,
di way di boogu-boogu a beat like drum inside a mi head.

Mi mad fi go ova deh, an' cut off di selecta dem powa,
cah me cyaan believe seh loud music
still a play at dis ungodly owa.
Dis a di ongle time mi wish, dat JPS woulda lack off di light,
jus' fi get some peace an' quiet, an' a likkle sleep tonight.

26

MIDNIGHT SWIM

Mi was drinkin' dat deh night,
him decide fi go fi a midnight swim.
A skinny dip inna di moonlight,
him decide fi jump right in.

An' true him couldn't resis' di temptation,
di way di pool did look so sweet,
him get himself in a sticky situation,
cah him more dan wet him feet.

Him mek mi heart skip a beat
when wi met dat early mawnin' by chance,
but it look like we did destin' fi meet
unda tragic circumstance.

Mi start get goosebump all ova
as him start fi move toward mi lips;
likkle mos' mi heart stap beatin'
as him was 'bout fi plant a kiss.

Same time mi drop di glass 'pon di floor
as mi shivvad an' shuddad fi tink,
dat fi mi yeye dem jus' mek four
wid di dead lizzad eena mi drink!

AH WAH DO DEM?

Di dance jus' a swing an' Babylon tun off di soun'.
Dem haul an' pull up, an' di vibes gawn down.
S'maddy always a complain fi noise insida dem head,
so now di soun' tun off, an' di dance jus' dead.

A wah do dem doah, eeh? Dem jus' bad min',
true dem no waan we fi have no nice time.
Dem know how much me spen' pon dis ya outfit an' boot,
weave an' eyelash, fi mek sure mi look cute?

Dem know how lang me spen' a get ready fi dis?
Look how mi trash out an' mi tings dem cris'.
Nail dem a shack out an' me a seh one.
How di bashment fi lack off already an' done?

Dem know 'bout we? 'Bout early lack off time!
Eena di video light me haffi shine!
Dem a joke yah man, dem no know what a gwaan.
DJ, buss di soun'! Di Babylon bwoy gawn!

MAD MAN

Mi jus' lef' di bank when a man seh, "Come nuh, King?
Yu nuh see di big rock stone dem weh di mad man a fling?
See him deh a come down di road, a travel well fass…"
Same time di mad man sail a rock stone
an' bruk di plate glass.

Well, di nex' rock stone him fling was inna my direction,
true ongle me 'tan up deh wid mi lonely reflection.
Ev'rybaddy scatta as him start fi fling some more,
but mi knee dem start fi knock, like s'maddy at di door.

Di mad man a move like light'nin' comin' down di street,
but me 'tan up like statue, cah mi couldn't move mi feet.
Run, mi seh to miself, *before di mad man run yu dung*,
but it come een like fi mi foot dem, Patex 'pon di grung.

Mi start sweat suh 'til, mi wet up di whole a mi shirt,
cah di mad man much closa now,
an' a fling rock stone like dirt.
When mi see di madman, an' wi yeye dem finally lock,
me neva wait fi see, if him was gwine fling anneda rock.

Survival finally kick een
an' mi start fi run as fast as mi can,
but it look like me did a run fram Jamaica's fittes' mad man!
Mi tiad fi play dandy shandy, an' mi bus' afta 'bout a mile,
but di mad man did still behin' mi,
wid a rockstone an' a smile.

All me waan fi do dat time was ketch mi breath an' res'.
Me neva have nuh clue 'bout what did 'bout fi happen nex'.
Mi neva pay nuh min' when him start fi bawl out "Tief!"
cah me did tiad fram runnin', an' need fi change mi brief.

Rock stone! One Babylon bwoy nuh draw down 'pon mi,
ax me why mi a run an' start fi gimme di t'ird degree.
Mi tell di officer seh, dat is a mad man a run mi dung,
but di Babylon jus' look confuse an' den him start fi frown.

Di mad mad start bawl out, "Lie him a tell! A tief, him tief!
A him tief mi money, lock him up, Chief!"
Me start fi fret now, cah di situation start fi look bad,
when di madman wink an' whispa, "An' yu tink seh mi did
mad!"

Same time mi mek up mi min'
seh him haffi go bus' mi head,
cah di only way me a go part wid mi money,
is if mi a go dead.
Mi start t'ink 'bout all di money
dat mi jus' draw fram di bank,
an' how di mad man look like him a hol' a hard endz,
an' me a hol' a blank.

Di Babylon drape mi up like bwoy fi search up mi pocket,
when di mad man head start fi tek him
an' him fire off two rock stone like rocket.
Mi neva sarry when him mash-up di Babylon cyar window,
or when one of di rock stone clap di police;
me jus glad di Babylon finally arres' di mad man,
fi assault an' fi disturbin' di peace.

BROOMEH!

Dere used to be a Bobo dread
dat used to sell broom 'pon mi street;
dress inna head wrap an' long white robe,
ledda sandals 'pon him feet.
Him tie wais' was di colours
of ites, gole an' green;
him always greet mi wid "I-ney!
Bless up, mi Queen".

Di Bobo did always look like
him was a magestic lion,
'pon a journey wid him broom dem
fi fin' him Mount Zion.
Him mission fi sweep weh evil
an' bun fiah 'pon Babylon;
him broom dem fi show a clean heart,
ready fi Armageddon.

Sellin' lang cabweb an' shart dusta broom,
dat was him trade;
always neat an' tightly bound,
di straw broom dem well-made.
But di Bobo dread nat comin' roun'
callin' "Broomeh!" no more,
true people naw buy him broom dem
like one-time, before.

But mi miss di Bobo dread,
an' him reasonin' 'bout livity an' iration,
ital food, inity
an' di Book of Revelation.
Plus, mi coulda well an' do wid a cabweb broom
wid one extra lang hangle,
fi reach up eena di cawna of mi ceiling
weh some lang cabweb a dangle.

JAMAICAN ISMS

When Jamaicans p'int up inna s'maddy face,
we out fi bruk a fight,
but we can be very mannasarable,
when we waan fi be polite.

When we nuh believe yu,
we upset, or wi jus' nuh waan fi dweet;
we kimbo we arm,
screw up wi face, an' kiss off wi teet'.

We love good 'tory,
likkle labrish, likkle verandah chat;
politics, religion, an' sports,
a we fav'rit subjec' dat.

We have di fastes'
man an' woman inna di worl',
an' everyone seh dat in Jamaica,
we have di pretties' girl.

Sometime we drop wi h's
or add dem weh dem no belong,
an' sometimes we go a di airport,
an' pick up likkle twang.

We have a natural rhythm,
so wi love fi dance;
an' fi gamble 'pon racehorse
an' bet 'pon game of chance.

We like goin' to di movies
or a good stage show;
playing football wid we fren dem,
or knock some domino.

We love fi nyam plenty
cah we cook di bes' food;
good music an' frens
put we inna di bes' mood.

But wi operate di bes'
'pon Jamaican time,
mix wid a likke rum,
an' a likkle lyme.

MANNAZ, BWOY

Yu fi have mannaz, bwoy,
howdy an' tenky nuh bruk nuh square.
Good mannaz ev'rybaddy enjoy,
so nuh badda cuss nar swear.
Listen when mi a talk to yu!
Nuh mek mi haffi repeat.
Yu fi seh "Hello" an' "Howdy do"
to ev'rybaddy dat yu meet.

Yu naw go a road an' embarass mi,
yu a go learn fi be polite.
'Tan deh, yu watch an' see,
ef mi nuh grow yu right.
Lif' yu foot when yu is walkin',
an' cover yu mout' ef yu cough or sneeze.
Don't interrup' me when I is talkin',
yu fi seh "Excuse me, please".

Yu fi wait yu tu'n inna line,
nuh badda bore-bore.
Dere is no excuse fi gwaan like swine,
jus' becaw yu poor.
Before yu nyam yu suppa,
spread one napkin crass yu knee.
Learn fi use yu knife an' fawk proppa,
an' nuh badda slurp yu tea.

Nobaddy waan fi see weh inna yu mout',
so shet yu mout when yu a chew.
Dat everybaddy can do widout,
fi enjoy dem bikkle too.
Mannaz cyaan spwile,
so show nuff respec'
to ev'ry man, woman an' chile;
dat is what is correc'.

Mannaz mek di man dem seh,
an' I believe dat, dat is true.
So yu a go practice mannaz ev'ry day,
an' learn fi seh "Please" an' "Tenk you".

BLACK HEART MAN

All a mi chilehood fear dem have fi dem foundation
eena fi mi ova active imagination.
Night-time is when mi imagination woulda jus' run wild
fram di time dat mi was jus' a likkle chile.

True me did tink di Black Heart Man did live unda mi bed,
me did always 'fraid him was a go hol' on 'pon mi leg
an' draw mi weh dung inna one deep, dark hole
wid all of di odda likkle pickey dem dat he stole.

Ev'ry night, mi tink him a wait fi see if mi gwine move
so him can pounce 'pon mi an' den mi heart remove,
fi fry it up wid scotch bonnet peppa an' onion jus' like liva,
fi nyam wid t'ree cartwheel dumplin' fi him dinna.

Ev'ry night mi so 'fraid, mi lay dung stiff wid fright,
jus' a pray to Fadda God, fi see di mawnin' light.
But now mi grow big, mi know dat di Black Heart Man,
was jus' a figment of mi imagination.

But true dem fears hard fi come outa mi head,
ev'ry night jus' before mi go to mi bed,
fi mek sure seh dat mi can sleep in peace at night,
mi tek a quick check unda di bed, wid mi flashlight.

DEAD YARD

Anytime s'maddy dead, yu fi tell dem good-bye,
so dat dem nuh have nuh reason fi waan fi stap by.
Far ef is you alone, an' yu hear yu name a call,
is duppy dat a call yu, so nuh ansa back at all!

Always treat dead people wid di highes' of regard,
an' nuh plant night bloomin' Jasmine
fi bring duppy to yu yard;
far duppy live inna di root of ev'ry cotton tree,
an' run roun' as green lizzad inna cemetery.

Yu haffi hol' Nine Night fi tell spirit fi go home,
so dat dem shadow no linga, nar start fi roam.
Di body fi lef' di house troo di front door, foot firs',
an' di sankey dem fi sing out, verse-by-verse.

Show respec' fi di body so dat di duppy nuh get crass.
Tu'n ova di mattrass an' rearrange yu furniture
fi mek sure seh dat di duppy laas.
Fi mek sure seh duppy nuh follow yu, fi goodniss sake,
nuh badda seh nutten to nobaddy when yu a lef' di wake.

Tek time walk backwud an' spin roun' t'ree time,
cah duppy can ongle falla back a yu, eena one straight line.
Fi ward off amorous duppy, wear one red bingo baggy to bed,
an' sprinkle likkle whites at di graveside, fi honour di dead.

Pass likkle pickney ova di coffin t'ree time,
suh duppy no trubble dem;
an' no mek yu tears fall 'pon di baddy fi cause nuh prablem.
Now wid yu back to di grave, tro' di dirt troo yu foot,
an' lef' nice tings inna di coffin, fi kip di duppy put.

Mek sure yu bury di body facin' toward di eas',
so dat yu dearly departed can res' eena peace.
If afta di burial, yu ketch yu 'fraid when night-time fall,
is di duppy dat come visit yu, ef yu head top grow tall!

SATIDEH SPESHAL

Mi nuh know how him know, but it always look
like me gi off some kind a signal wheneva me start fi cook;
cah fi mi lang-belly neighba always seem fi know,
like seh mi broadcas' seh mi tun on mi stove 'pon di radio.

Wheneva pot put 'pon fiah, him jus' ups an' appear,
an' eena mi pot like seh him lef' supp'n in dere.
Like Jancro, him jus' a circle di food inside a mi kitchen,
ready fi nyam out mi curry goat an' mi stew chicken.

Ev'ry day him him pass, 'bout him jus' a tek a likkle bite,
'bout him wah fi mek sure, seh dat it season up right.
Di way dis lang-belly man tek a set 'pon mi yaad,
me start fi fava di dutchy bodyguard.

So, since my cookin' is what Missa Lang-belly admiah,
me decide fi fight fiah wid fiah.
Dis Satideh, mi gwine crass him signal an' bruk him antenna,
wid a speshal soup a gwine bwile, wid a whole heap a senna.

JAMAICAN SWEETIE

Some sweetie recipe, pass down fi generations,
gone wid time;
mek some Jamaican sweetie well hard fi fine,
like true paradise plum, dat sweet an' tart–
ole time Jamaican sweeties dat dear to wi heart.

Sweetie like brown george or asham,
dat choke yu if yu be too greedy;
tip a likkle at a time or lick it out a yu han'
fi enjoy dat deh sweetie.
Mi hardly see duckunoo or blue draws
dat tie in banana leaf an' bwile,
an' chawklit fudge a sumpting dat
mi nuh see in a while.

Peppamint stick dat used to stretch an' roll
mi still can recall,
an' di big red an' white jaw breaka peppermint ball.
But gizzada or pinch mi roun',
(sweet coconut bake inna pastry shell)
an' chip-chip, cut cake or coconut drops
is sweetie dat still sell.

Wangla have sesame seed
an' pinda cake jus' mek outa peanut,
but peanut brickle nuh so brickle
cah it well hard fi bruk.
Guava cheese sweet an' saf' like a jelly
but a nuh cheese at all,
an' yu neck 'tring dem will 'tan up
when yu nyam tambrin' ball.

Yu teet' dem will stick up inna stagga back
or Busta back bone,
an' nutting no tuffa dan jackass corn
or donkey jawbone.
Plantain tart is nat really a sweetie,
but a pastry fill wid sweet plantain dat dem bake;
an' grater cake is a pink an' white coconat sweetie,
an' nat really a cake.

Sweetie mekking from slavery days,
dis art wi need fi prescrve,
an' give dis part of wi culcha
di recognition dat it deserve;
cah plenty ole time sweetie
not aroun' anymore.
Now is mostly foreign sweetie
dat sell at di store.

NAASY   Unno cyaan jus' kip di garbage eena unno han'
an' dash it weh when unno get to unno destination?
Stap fling di tings from unnu vehicle inna di road!
Ev'ry bokkle an' wrappa in deh, yu a try fi offload.

How unnu fi walk an' nyam, an' litter di street?
Mi jus' cyaan andastan' how unno fi dweet.
Unno come een like rat bat, nyam an' drap tings all aroun'.
So yu nyam di orange, so yu drap it 'pon di groun'.

We need fi stap dutty up wi country,
an' dat include people inna big industry.
We need fi preserve di environment an' kip it clean,
get more conscious an' start fi go green.

Unno nuh waan Jamaica stay nice fi yu son or yu dawta?
Stap leggo di naasy waste inna di sea wata!
Di beach dem fulla plastic an' fava garbage pan;
stap lef fish bone an' dutty diaper inna di san'!

Me waan fi know, why man always haffi urinate
'pon di nearest wall?
Dem suffer fram bladda di size of ping pong ball?
A so we really waan fi live, like seh we a hog?
Relieve we self anyweh, like seh we a dog?

Why wi cyaan behave betta dan dat?
Stap help fi breed up roach an' rat,
an' help prevent di whole heap a diseases
dat cause by moskita population increases.

People property wid graffiti unno waan fi deface.
Stap write foolishness all ova di place!
Tek care of unnu surroundings an' clean up di mess.
Unnu really waan fi live inna nastiness?

Look how we country pretty an' nice;
Jamaica is a beautiful paradise.
Tek pride inna di black, gol' an' green,
an' kip Jamaica nice an' clean.

JAMAICAN RAIN

Jamaican rain wash di country clean, clean, clean,
an' tun di mountain dem lush an' green.
Jamaican rain mek di wedda nice an' cool,
an' tun pothole inna swimming pool.

Yu can smell it a come, an' see it from far,
but it neva seem fi fall inna di reservoir.
It mek gully come dung an' mek fog 'pon di hill,
an' mek traffic 'pon di road come to a stan' still.

Jamaican rain mek yu nyam nuff-nuff food
an' mek man an' woman get inna di mood.
When Jamaican rain fallin', dere is no sweeta soun'
dan when it a beat 'pon di roof as it start fi tear down.

Jamaican rain will mek yu late fi wuk,
cah it mek yu waan fi duck
right back unda di covas an' wrap up inna yu sheet,
cah Jamaican rain mek di nices' sleep.

OLE GINNAL

Mi fine it very funny
how mi neva buy nuh lotto ticket,
but you waan me fi gi yu my money,
becaw yu tell me seh mi win it.

Stap gi mi di sermon 'pon di Mount,
fi collec' di millions mi supposedly win.
Me fi empty fi mi bank account?
Bwoy, stap di skylarkin'.

Yu tink seh dat yu can ginnal me?
Bwoy, mi know every trick inna di book!
Nutting in dis life is eva free,
mi naw go swalla dat deh hook.

Yu tink yu is a real samfie man.
A me yu really a try fi bandooloo?
Yu tink me was a go fall fi dat deh scam?
Bwoy, nat even a penny fi yu!

It nuh pay fi live a life of crime,
so stap waste mi time an' come offa mi phone.
Me catch dat deh rake lang-lang time,
so hol' a dial tone.

RUNNIN' BELLY

All of a sudden mi batty feel weak.
A feel so sick mi can hardly speak.
Why dis cole sweat a wash mi, Lawd?
Jus' like a spite, me far from yaad.

One wicked pain start fi juk mi eena mi gut.
Woi, mi need fi fine a fas' short cut!
Lawd, di way mi belly a cut mi like a sharp knife,
mi haffi a clench mi batty shut tight fi dear life.

Dis pain unda mi shart ribs, it hot like fiah!
A feel like mi belly an' di devil conspiah
fi kill me wid shame in fronta ev'ry baddy today,
if mi no fine one toilet widdout delay.

Mi need someting quick, quick, fi counterac' dis ya acid,
cah di pain inna mi belly a get well rapid.
It feel like me a have contractions minutes apart;
mi cyaan tek a chance fi even squeeze off a fart.

Lawd, me need a likkle ginger tea,
likkle mint, or even cerasee.
Mi need sumpting quick dat gwine bung mi up fas',
or dis public appearance a go be mi las'.

Mi tink mi glad bag was a go bus' when mi reach mi street,
but mi belly start fi bubble-up more as soon as mi see't.
  "Do mek mi mek it Lawd", mi start fi pray out loud,
"nuh badda mek mi shame an' call down crowd".

Mi haffi a walk an' a wine, di way mi batty tight —
Praise di Lawd, di house inna sight!
Mi a breathe in an out now, nice an' slow,
but mi still haffi a walk like me a go-go.

Now mi reach di door, mi cyaan fine mi key
an' now mi belly start fi force fart to be free.
Cole sweat start fi wash mi, mi cyaan wait no more!
Do Lawd, nuh mek mi lef mi pride 'pon di floor!

Mi finally get di door open an' fling it open wide,
draw down mi pants an' run inside.
O what a relief, feel so sweet!
Mi neva did so glad fi see mi toilet seat!

OLE TIME SUMPTING

Lang time fashion was wearin' tube top or halta back,
mogglin' bell bottom pants or t'ree sista frock.
Hot pants an' mini skirt was di wickidess lick;
an' garbardene pants an' embroidered bush jackit.

Big heel boot an' cockroach killas was di style,
an' gun mout' pants was di ting fi a while.
Eart' man shoes an' wedda man cap
used to carry di swing,
an' mesh merino, rasta belt an' tam was bad man ting.

T'ree piece polyester suit was in vogue, doan play!
An' rayon shut wid big collar an' ves' did cool weh day.
Shart runnin' sharts one time did hat,
wid babby socks an' Gata Joggas, doan figet 'bout dat!

Head tie an' African kaftan was inna dem prime,
an' kariba suit fi man did popula one time.
Spigetti strap blouse an' jumpsuit was annoda big tren',
an' platform shoes was a girl's bes' fren.

Fashion nowadays, not dat much diff'rent dan before,
ole time sumpting always a come back eena di store.
Some fashion tren' go away fi a while,
den dem come back inna diff'rent style.

Like jeans, dat a someting dat very common,
but now man a wear dem unda dem bottom.
Is a fashion tren' dat hard fi ignore—
man wearin' pants wid dem brief outadoor.

Of all di fashions of yestayear
an' all a di tings dem dat we wear,
me neva did tink me woulda live fi see di day,
when fashion was man underwear 'pon display.

JAMAICAN GPS

Mi stap an' ax a dread fi directions
cah me couldn't fin' mi way,
but massa, mi neva undastan' di breed of Jamaican GPS
dat me did get dat day.
Di dread seh, "Awright mi i'dren,
'ear wah yu a go do right now.
Go back down di road deh likkle bit,
'til yu pass some goat an' cow.

Den yu go suh, den yu go suh,
den yu falla da road deh straight.
Yu jussa go rung da lang cawna deh,
'til yu pass di obeah man deh gate.
Dat a di gate wid di colour bakkle dem
tie on 'pon di Julie mango tree;
crass di road, Miss Dell a sell some breadfruit
an' a likkle butta ackee.

But no badda tun off,
mek sure yu tek di road weh go back suh;
den yu a go see a open lan' 'pon one side
weh some i'laloo a grow.
Den doan pass di big green house
dat right beside Miss Maisie bar;
go back suh 'til yu see di cawna weh
dem park di ol' rus' up cyar.

Likkle more, yu gwine pass a yard
wid a whole heap a mongel tie up inside;
den yu gwine go like dis, go ova di bridge,
den di road a go divide.
Yu jus' a go gwaan drive 'til yu see
anedda green house,
dat one yu gwine to pass.
If yu falla dem deh directions mi i'dren,
mi sure yu naw go laas."

ROAD RAGE

Why people mus' drive 'pon di road like seh dem a hog,
fi mek you an' dem haffi have unpleasant dialogue?
Dem feel seh nobaddy mus' pass fi dem cyar at all,
wedda dem a bruk dem neck fi pass yu, or dem jus' a crawl.

Evr'y day yu hear 'bout a car crash dat serious or well tragic.
Unno know how much people get kill off, a ovatek traffic?
Some jus' stap when dem feel like, inna di miggle a di road,
doan business wid stop light or obey di road code.

Yu haffi a drive defensive when yu go 'pon di road
fi avoid truck a drop gravel cah dem always ovaload;
plus, dose nat payin' attention cah dem deh pon dem phone;
texin' an' drivin', fi mek dem accident prone.

All di bad driva dem dat ovatek di whole line a traffic
'pon di inside lane,
lick dem head, cah suppen mus' wrang wid fi dem brain.
It bun mi how di traffic police look like dem neva deh 'bout
fi ketch dem same time an' sort dem out.

Dem bad drive me all di time an' mad fi trace mi off,
but dem lucky a Japanese me drive an' mi cyar well sof'.
Far any day me get fi drive one a dem big two ton truck,
dat a di day, dem a go outa luck.

GOAT!

Goat! Yu lucky seh mi neva lick yu down todeh.
Come outa di road before mi tek yu aweh!
Mi have a nice big pot dat yu woulda fit eena real nice,
fi mek a likkle curry goat wid a likkle white rice.

Look like yu no know seh dat mannish wata sweet.
A woulda bwile up yu ev'ryting, includin' yu teet.
Likkle green banana, cook wid an' a likkle yam;
nuttin' mek mannish wata sweeter dan a renkin' ram.

Goat! Yu a walk like seh a you own di street.
When mi done stew yu down, yu saff an' sweet.
Di nex' time me see yu, mi naw go drive so slow;
mi jus' a give yu a warnin', so di nex' time yu know.

Goat! Todeh, yu get fi live fi annada day,
but di nex' time yu see mi cyar, move outa di way.
Cah di nex' time mi see yu, mi a go pick up a likkle speed
an' line yu up proppa, fi a likkle goat feed.

SEH FEH!

Seh feh nuh! Seh feh ef yu bad!
It look like yu nuh righted. Look like yu mad.
Ey dutty gyal, yu mussi waan two kick.
Mi wi bruk yu up yu rhatid an' kill yu wid lick!

Press a button nuh, press a button an' see.
Mi a di original bad gyal, yu hear neva hear 'bout me?
Ey eediat gyal, a me yu a dis?
Come mek a introduce yu yeye to mi fis'!

Yu feel seh yu hype? Nutten no guh suh.
Yu tink yu can lick mi down? D'weet den nuh!
Mi will kick down yu blouse an' skirt out ya todeh.
Tuff turbit, tek weh yuself. Gyal move an' goweh!

Yu jus' a run off yu mout' an' a chat pure fawt.
Nuh mek me haffi reel off two roll a claat!
Mi have one nerve an' yu a get pan it.
Lef' di area before murda commit!

Yu nuh waan come buck? Come buck nuh?
Yu waan fi disrespec' mi but a nuh suh it a guh guh.
Mi will bax yu suh haad, dat yu kin puppalick.
Yu a guh need two Andrews, di way yu a guh sick.

Ey eediat gyal, yu nuh tiad fi get cyaad?
A me run road, mi a di owna fi di yaad.
Hell an' powda house a guh pop in ya todeh!
Come tes' me nuh gyal, seh feh nuh?
SEH FEH!

LIKKLE LABRISH

A nuh everyting weh good fi eat, good fi talk,
yu granny neva tell yu dat?
Gyal, yu shoulda have one Phd in labrish
di way you love fi chat.

Yu madda shoulda name yu CNN,
fi carry di lates' news.
Before yu chat di people dem,
try tek a walk inna fi dem shoes.

Yu naw nuh business inna people business,
suh stop chat dem business out.
Nobaddy neva give yu nuh message fi deliver,
yu chatty, chatty mout.

Fi yu mout' mussi set pon spring,
cah you nuh know when time fi stap.
Yu jus' a repeat ev'ryting yu hear,
like seh yu name parrat.

Carry go bring come bring misery;
a nuh ev'ryting yu need fi share.
You tek my foolish advice,
an' stap repeat ev'ryting yu hear.

ANATOMY OF A JAMAICAN

Me believe seh dat God mek Jamaicans custom,
far is only we have head top an' foot bottom.
We have head side, head front an' head back,
but we head nuh shape like square an dat is a fac'.
Ongle we, me know, dat can suck we tongue,
an' cut we yeye from we very young;
kiss off fi we teet, an' tear we yeye out;
an' screw up we face an' point wid we mout'.

Mi nuh know weh it deh,
but Jamaicans have glad bag dat always a bus',
an' some button dat people press, fi mek Christian cuss.
Ev'ry Jamaican born wid navel string,
an' some have mout' dat set 'pon spring.
Den dose dat have a gap inna dem teet,
fi dem bag a suga' is very sweet.
We haffi careful fi nuh fi drop an' pop wi gizzad,
an' we programme fi 'fraid a crukkin' lizzad.

If we mean, di cubbitch hole inna we neckback will tell,
an' we have two nose hole dat we use fi smell.
Den fi we ears hole is nex' to wi ears cawna dem;
stick bruk off inna dat, is a common problem.
Jamaicans have neck string dat 'tan up when dem mad
an' chicken ches' a di people dat ches' sink een bad.
An' is ongle we mi know dat skin we teet';
an' have two foot an' not two feet—
cah Jamaican people foot stretch from dem hip to dem toe;
an' if yu step ova we, it mek we done grow.

Fram wi shoulder to wi finga, dat is fi wi han',
but wi han' miggle nat in dat miggle, yu mus' undastan'.
Den we have some shawt ribs weh gas always a hitch up,
an' two ting dat 'pon we knee, dat name knee cup.
Den opposite from wi front, is fi wi behin'
an' dat is wi battam an' backside combine;
dat connect to wi backfoot, which a nuh foot at all,
cah is foot but nuh foot, but you mek dat deh call.
So yu see, aldoah we all have di same physique,
di anatomy of a Jamaican, is very unique.

SUNDEH DINNA

Dinah, fi mi Sundeh dinna mi waan rice an' peas.
An' roas' one chicken, tenk yu kindly please.
Mi waan some ripe plantain fi nyam 'pon di side,
but nuh badda bwile or bake it, it mus' ongle fried.

Mek one salad wid carrat, lettuce an' timato
an' mek sure yu put plenty butta inna di mash pitato.
Yu know seh dat macaroni an' cheese is a mus'.
Lawd, di food a go sweet! Mi belly a go bus'!

Mi waan desert too, so Dinah mek hase,
an' mek sumpting sweet fi mek mi tase.
Hell a top, hell a bottom, hallelujah inna di miggle!
Dinah, try yu bes' fi guess dat deh riggle.

Cho Dinah, guess di riggle nuh man!
Mi waan sweet pitato pudd'n, so use di big pan.
Mi like when it saff 'pon top an' come een like jelly.
A dat time me a go done an' rub mi belly.

A di rum an' raisin weh mek di pudd'n so nice,
me gwine haffi eat more dan jus' one slice.
Yes Dinah, dat a di right dessert fi hit di spot!
Start peel di pitato an' put on di pot.

Dinah, while yu at it, pass mi a beer,
an' Dinah, don't figet fi peel di pear.
Dinah, since yu bakin', drop een a cassava pone,
cah right now mi belly a touch mi backbone.

Missis, what a good ting seh dat you know how fi cook,
cah yu know yu well shawt 'pon di pretty looks.
Is weh yu seh Dinah? Mi fi cook mi owna dinna?
Nutting nuh deh pon di fiah? Nutting naw simma?

Dinah, a vex, yu vex? Is a likkle joke mi did a run.
Fun an' joke aside now, a done mi done.
Dinah, weh yu a go? Come back nuh man?
Look, when yu done cook, mi will wash out di pan.

See, mi a come help yu now fi peel di pitato,
grate di carrat an' slice di timato.
Mi will cook di macaroni an' grata di cheese,
Come back nuh Dinah, mi a beg yu please!

Hungry a go kill me, Lawd mi a go dead!
Dinah gawn an' lef' nat even lef' peesa dry bread.
Gas wouldn't a tek mi up if mi did jus' shet mi mout';
now mi gwine haffi call an' orda take-out.

HOL' DAWG!

Miss Maisie! Hol' dawg!
Lock up di mongrel dawg inna yu yaad!
Mi nuh waan me an' him fi have no grief,
far him a bark at mi like seh me is a tief.

Hol' dawg! Miss Maisie, come open di gate!
Look like is ongle me one dat dis dawg ya hate.
Him a growl at mi an' a show mi him teet',
like him tink seh mi fava peesa raw meat.

Las' time mi get bite, ev'ry peenie wallie mi see!
One bite 'pon mi foot, an' one 'pon mi knee.
Mi haffi go hospital an' pay plenty money fi injection;
di dacta did seh fi tet'nus an' fi stap di infection.

Look how lang mi a call yu fi hol' di dawg fram time.
Yu nuh see a ova di fence dat di dawg waan climb?
Come lock up yu dawg, becaw yu know mi naw play.
Judgement een ya, if him eva bite mi today!

JAMAICAN BROWN DOG

Dem seh dat Jamaican mongrel dog is a breed
of special canine pedigreed.
But dem is di only breed of dog dat me know,
dat cyaan qualify fi enter any dog show.

Jamaican mongrel is outside dog dat used to rain;
short coat, black nose mongrel a fi dem strain.
Dem genes well sturdy caw dem hard fi dead,
but Jamaican mongrel dog nuh specially bred.

Some foreigna tink dem a suffa fram discrimination
an' start fi protes' gains' mongrel marginalization.
Dem seh we a suffa fram "Brown Dog Syndrome",
cah mongrel naw get nuh good Jamaican home.

Dem seh we ongle put status 'pon pedigreed dog,
so dem raise mongrel status, fi sen' dem go abroad.
Start call dem "Jamaican Brown Dog" inna di press
an' gi dem US visa fi fly go a Massachusetts.

Nex' dem pretty up dem name fi easy ovaseas adoption,
tun dem eena "Royal Caribbean Terrier" fi dem migration;
But mi nuh min', far is betta dat mongrel have a good home,
dan have dem a run up an' down 'pon di street a roam.

Dem a excellent watch dog, caw dem mek nuff noise;
mongrel naw go mek no tief ketch yu by surprise.
So if anybaddy waan two mongrel fi dem companion an' fren,
mi have couple Jamaican Brown Dog, dat mi cyan sen'.

'MEMBA WHEN?

Yu 'memba when big heel boot an' afros was cool?
Playing dandy shandy an' stuckie in school?
When lunch money was jus' 15 cents?
When t'ings was carouchies an' accoutriments?

Yu 'memba when Nuff Milk an' Nutri-Bun
used to giweh fi free,
an' when yu used to 'science' wid Bible an' key?
Dat TV used to sign-on 5 o'clock a evenin' time,
an' ole man beard used to grow 'pon telephone line?

Yu 'memba wearin' satin hair ribbon
an' bubble gum tattoos?
Tony Patel readin' di 7 o'clock news?
'Memba when yu did 'fraid a duppy more dan tief?
Nyam Brooklax fi chawklit an' cause pure grief?

Yu 'memba when Lada was di mos' popular cyar,
or readin' 'Advice to the Lovelorn' inna di Star?
When watchin' kickas at Odeon or Regal was di lick,
or tekkin' a Phensic when yu did sick?

Yu 'memba di wavin' gallery 'pon di airport roof
or crossin' yu heart as livin' proof?
Yu 'memba havin' gentian violet inna yu medicine ches'
or when two was too many an' di bres' was bes'?

Yu 'memba tinkin' seh Ole Higue
an' rollin' calf did exis';
or drinkin' red Kelly's soda, Pip or Twis'?
When Miss Lou an' Mas' Ran did deh 'pon di scene,
an' ev'ry likkle girl did waan fi win Miss Teen Jamaica
or Festival Queen?

Yu 'memba when dem used to have
push cart derby 'pon Stony Hill?
An' di big twenty-five cent coin an' di 50 cent bill?
Yu memba crabbin' pon Palisados Road afta di rain,
or tekkin' a ride 'pon di Spanish Town train?

Yu 'memba di suffaration of gettin' up fi school
inna Daylight Savin' Time,
or going to Harbour View Drive-In
an' Ward Theatre Pantomime?
Yu 'memba Miami Store an' Skateland
inna Half-Way-Tree,
or listenin' to Dulcimena, Seebert an' Floralee?

Yu 'memba ridin' di jolly bus and eatin' busta back bone,
an' dat we used to have nuff call box an' di rotary phone?
Yu 'memba when di bokkle man
used to bawl out "Any pint?",
an' dat is whitening dat yu had fi use
fi keep yu crepe dem white?

'Memba when yu did haffi get washout
afta mango season before yu go back a school,
an' dat when tings did 'boom' it did mean seh it cool?
Yu 'memba when tings did 'copasetic' an' ev'ryting cris'?
Dat is di Jamaica dat mi 'memba an' miss.

WEH DEM GAWN?

Yu eva wonda weh all a di Jancro dem gawn?
Look like dem pack up dem dulcimina
an' tek time move on.
Di days of Jancro circlin' dead dawg
look like dem done.
When las' yu see a Jancro?
Lang time mi nuh see none!

Weh coulda mek all di Jancro dem
jus' waan fi check out?
A wonda if dem feel cute an' a hide
true dem head top peel out?
Maybe is dem reputation as vulcha
dat mek dem feel aways,
fi' explain why Jancro so scarce dese days.

Dem always seh if Jancro pitch 'pon yu roof
dat dat is a very bad sign,
so, a wonda if dem gi up di death notice wuk
an' di whole of dem resign?
Or a wonda if Jancro decide
seh dat dem a go 'pon strike,
true we seh dat dem a di omen fi death,
an' a dat dem doan like?

Jancro name always tie up
wid ugliniss, evil an' disgrace.
Maybe a dat mek Jancro disappear
widdout any trace.
Ef yu is a *dutty Jancro*,
dat mean seh dat yu wussa dan dirt.
Maybe is all dat mek Jancro leave out,
true dem feelin's get hurt.

A wonda if Jancro ketch bird flu,
tek sick an' dead-off to blow wow?
Or, if is people really a naym dem off
fram dem time ya 'til now?
An' true Jancro fava turkey ugly cousin,
mi naw go count dat out,
suh if di extra-large chicken foot look suspec',
nuh put it eena yu mout'!

73

LEF MI NUH!

Gimme a break nuh man!
Cho, gimmi a res'!
Yu jus' a nengeh-nengeh inna mi ears
like a real ole pes'.
Yu nuh tiad fi bodda-bodda mi
an' harrass mi soul case?
Yu jus' a tek a set 'pon mi
an' a invade mi personal space.

All mi a fan yu off,
yu still a pes' mi like ticks.
Ev'ry night yu come inna mi bedroom,
'bout yu waan fi get a fix.
Move an' goweh nuh man,
yu a get 'pon mi nerve.
Shop lock tonight,
nutten naw serve!

Ev'ry night yu come,
yu waan fi whispa inna mi ear
like seh mi an' is yu havin'
any secret love affair.
Mi an' yu nuh have
nuh lovas secret a keep,
so, jus' lef' mi alone
an' mek mi gwaan to sleep.

Yu come een like a real duppy,
jus' a haunt mi ev'ry night;
same way yu disappear,
wheneva mawnin' light.
Look ya nuh man,
lef mi in peace!
A gwine slap dis maskito so hard,
him gwine fenneh grease!

ODE TO JULIE

Miss Julie, mi hear yu come fram exotic stock,
fram some weh inna France fi lan''pon di Rock.
Mi hear dat yu son Graham, live inna Trinidad;
fi havin' mek yu aquaintance me is very glad.

A lang time mi have mi yeye 'pon yu, yu nuh Miss Julie,
cah you is di only one dat mi really love truly.
Yu know dat di way to a man heart is troo him belly
an' a suh yu have me saff, like guava jelly.

Mi jus' love how di sun mek yu skin feel nice an' warm.
If me was a bees, a you mi would swarm.
Di way dat yu is so intoxicatingly sweet,
Miss Julie, yu sweep mi right offa mi feet.

Di way dat yu smell is so tantalizingly fruity
an' di way dat yu blush, compliment yu nat'ral beauty.
An' even doah yu does not belang to me,
mi still waan fi come an' climb yu tree.

Mi love how yu look fat an' juicy an' nice;
to me, yu is sweeta dan suga an' spice.
You may be a Saint, Miss Julie, but I am not;
mi cannot resis' yu sweetniss, so mi haffi tek a shot.

Far yu look ripe an' ready fi di pickin',
so, mi tink dat it mus' only be fittin'
dat we should be togedda, you an' me.
Mek wi rendezvous undaneet di mango tree!

Mi ketch yu now Miss Julie! You is all mine!
A gwine savour dis moment an' tek mi time.
When a squeeze yu, yu ripe but firm,
but lawks Miss Julie, yu full up a worm!

DEM JAMAICANS

Yu know yu is Jamaican
ef yu have a 'what not' inna yu house
an' ef when yu did small,
yu ketch up grass louse.
Yu know yu is Jamaican
ef you kip white rum fi sap up yu head
an' ef yu kip nine night, when s'maddy dead.

Yu know yu is Jamaican
ef yu have Sundeh rice an' peas,
an' ev'ry Easter, yu haffi nyam nuff bun an' cheese.
Yu know yu is Jamaican
ef soup 'pon Satideh is a mus',
an' verandah chat an' labrish,
a yu fav'rit fi discuss.

Yu know yu is Jamaican
ef yu love fi eat patty,
an' ice cream 'pon Sunday night
is what mek yu feel happy.
Yu know yu is a Jamaican
ef yu 'fraid fi duppy at night,
an' is blue soap yu use
fi mek yu clothes dem white.

Yu know yu is Jamaican
ef worm medicine inna yu medicine ches'
an' when yu go to church,
yu put on yu Sundeh bes'.
Yu know yu is Jamaican
ef reggae music mek yu skin ketch a fiah,
an' ef yu can dance to soca
like yu waist mek outa wire.

Yu know yu is Jamaican
ef yu can peel sugar cane wid yu teet,
an' if yu kill goat or fowl
when yu a lay new concrete.
Yu know yu is Jamaican
ef yu know how fi hustle 'pon di side;
an' if we athletes full yu heart
wid national pride.

Yu know yu is Jamaican
ef yu know how fi kiss yu teet,
an' ef yu drive like yu mad
when yu deh 'pon di street.
Yu know yu is Jamaican
ef yu cyan cut yu yeye an' cut yu ten;
an' ef yu call politician by dem fuss name,
like seh dem a yu fren.

Yu know yu is Jamaican
ef yu have a machete at home,
an' ef yu is a fan of sweet potato puddin'
or cassava pone.
Yu know yu is Jamaican
ef yu pickney ears dem well hard,
an' if yu have a mongrel dawg
or two livin' inna yu yard.

Yu know yu is Jamaican,
if yu nuh like fi join line,
an' if yu know who is John Public,
John Crow an' Joe Grine.
Yu know yu is Jamaican
ef yu can screw up yu face,
an' anyweh yu go,
yu jus' tek ova di place.

UGLY FOOT

People wid ugly foot mus' stap put dem foot 'pon show
like dose dat love fi wear toe ring 'pon dem ten cawn toe.
Slippas a nuh fi ugly toe weh spread out like ginger root,
an' grata heel nuh fi tek show off inna backless boot.

Yu eva see di lang toe dem weh fava grippas,
dat a heng on fi dear life 'pon di front of dem slippas?
Or di foot dem weh fava Trelawny yam,
wid toes so loving, dem hug up like woman an' man?

Not to mention di platta foot dem dat flat like pancake,
an' di hamma toe dem dat look like dem waan fi escape.
Yu have some foot dat suh lang, dem fava two flippas,
but di wuss a di junju toe nail, dat neva meet a clippas.

Some big foot woman tink seh dem smart,
an' buy six-inch boot heel fi mek dem foot look shart.
Den dere are dose dat buy narrow when dem wear a wide
but dem foot dem broad out an' heng ova di side.

Den yu have foot bottom so rough, dat fi get dat fi saff,
is a Numba 2 san' paper yu need fi rub dat foot aff.
Is not lie mi tellin', caw yu know dat is true,
ugly foot people fi wear close-up shoe.

DEM OUT FI MAD MI

It look like dem out fi mad mi;
dem waan mi fi lose mi min'.
Mad house dem a try fi sen' mi,
fi a lang, lang time.

Inna mi head dem waan fi climb,
fi rummage roun' inna mi brain.
Di whole of dem waan fi tek a free ride,
'pon mi intellectual train.

Fi mi creativity, fi mi ideas,
di whole a dem, dem waan fi employ,
fi ova wuk mi likkle brain cell dem,
'til di whole of dem destroy.

It stick up inna me craw,
di way dem a gwaan so dread.
All mi can hear a *Wah! Wah! Wah!*
like siren inna mi head.

Fifty million ting dem wah fram me,
plus, dem wah mi fi spin 'pon a dime.
Mi look like mi fava supa woman?
Like me can travel inna time?

Me wah fi know, before mi was aroun',
wah dem really used to do before?
Mi look like mi fava information desk?
Mi mussi name 114.

It look like dem out fi mad mi,
but dem naw accomplish dat deh mission,
cah dem naw sen me go a no mad house,
fi no damn admission.

LIKKLE MISS NUFFUS

As a tom bwoy, runnin' up an' down eena di dirt,
mi neva used to wear shoes, nar dress inna skirt.
Ev'ryting di bwoy dem do, mi waan fi do di same,
so is Likkle Miss Nuffus' dat me did name.

Every day di bwoy dem tek special delight,
in teasin' mi an' callin' mi "parasite";
cah anyweh dem go, mi a suck on like ticks,
mi nah lef' dem a inch, mi haffi inna di mix.

Dem tease mi seh dat mi foot dem tough
an' dat mi head too big, an' mi jus' too nuff;
But, all dem tease mi, mi neva cried,
even when dem preten' fi spray mi wid insecticide.

All dem' a gwaan like seh mi nuh exis',
mi still nuff-up miself 'pon dem an' insis',
dat me haffi go wid dem whereva dem a go,
jus' like how drinks come wid di combo.

Dem tell mi seh mi too bumptious an' bright
an' dat mi too fas' an' mi well force-ripe.
But nutting dem do, me wanted to miss,
suh wid all di name callin', mi neva business.

Dem had a freedom me wasn't allowed
fi run wild an' free an' fi be very loud
jus' because dem did name man;
a concep' dat me coulda neva undastan'.

Ev'rytime dem shake mi off, like boogu 'pon dem finga
an' run lef' mi an' hide 'til it was time fi dinna,
mi jus' get more competitive an' even stranga,
an' now Likkle Miss Nuffus is no langa.

Learnin' to be tough was a valuable lesson,
so, me consida all mi went troo to be a blessin'
now dat me a woman, competin' wid diff'rent men,
fi bruk di class ceilin' an' buck di system.

ONE STAP, DRIVA!

As mi board di bus fram 'town one rainy Mondeh eveling,
mi head start fi hat mi an' mi get a likkle bad feeling.
Di 'ducta squeeze mi down inna di bus
like seh mi fava sardine,
s'maddy 'tinkin' toe did out fi bline mi,
an' s'maddy arm well green.

Di way wi 'pon top of one anedda, mi start fi feel hot,
like one Heroes' Circle crab a bwile up inna one pot.
Now rain a tear an' all di window dem lack up tight,
an' di odour dem so bad, dat dem start fi fight.

'Pon top a dat, mi feel like mi a go suffocate,
true one higgla start fi lean 'pon mi
wid all har mampy weight.
Wuss, one man wid bad breath
start talk-up, talk-up, eena mi face,
hemphasisin' him haches an' invadin' mi personal space.

Mi start fi feel dizzy, like mi a go black out,
but soon as me yeye dem get dark, mi hear one higgla gi out –
"It look like she billias! Tek aff yu shoes, putti ova har face!"
Same time mi heart start fi feel like it an' Usain a race.

Now mi head start fi spin like gig an' ev'ryting tun black,
next ting mi fall *'boof'* inna Missa Tinkin' Toe lap!
Muss di wrang side a bed me get up dis mawnin
fi go mek dat mistake;
mi start fi blink mi yeye dem 'pon rapid
fi mek him know seh mi awake.

But as mi lie dere motionless
like mi get lick down by a truck,
Missa Tinkin' Toe start fi tek aff him shoes
jus' like di higgla instruc'.
One piece of frowsiness fly up mi inna mi nose,
a smell dat so vile;
it sulphuric, like him toe dem rotten
like ten egg dat spwile.

Mi lay dere paralyze like seh duppy a hol' mi dung,
tryin' fi scream fi help, but mi couldn't mek a soun'.
Somehow mi manage fi wake up from dat deh nightmare
an' box di shoes outa Mr. Tinkin' Toe han', eena di air.

Harrah! Di tinkin' boot bax di higgla right crass har mout'
an' one piece a hell an' powda house start fi bruk out.
Di higgla trace me off proppa an' Mr. Tinkin' Toe start fi cuss.
"One stap driva!" mi start fi bawl, "Let mi offa dis ya bus!"

Mi spring up like Lazarus, like Jezas raise mi fram di dead,
straighten up all a mi clothes, an' fix di wig 'pon mi head.
Mi 'tep pass di higgla an' cut mi yeye at Missa Tinkin' Toe,
an' mek hase come off at di nex stap, an' lef' dat poppy show.

HERE COMES FUDGIE

Ferkie! Ferkie! Ferkie!

"Creamy! Supadupa! Kisko Paap!"
Di fudge man a come! Unno tell him fi stop!
"Ice Cream Cake! Nutty Buddy!"
Hol' on dere! Mi a come Fudgie!

If mi eva miss Fudgie, dat was disasta,
cah fi joke, him woulda jus' ride him bike fasta
fi mek mi haffi chase him fram far
like him tink seh mi fava any track star.

Fudgie wooden box pack up wid dry ice,
was home to tings like di sandwich slice,
fudge, icicle, King Kong an' Chaka Bar;
but ice cream, was always mi fav'rit by far.
Lookin' inna di box, tip 'pon mi toe,
mi can see cherry, grapenut an' pistachio
meltin' inna di drum cah it neva seem,
dat Fudgie eva have nuh chocolate ice cream.

An' as mi get mi cone, it start fi leak troo di tip,
fasta dan mi can lick it, so di cream jus' a drip.
Now mi haffi lick it fram di battam instead a di tap,
fi try get di riva runnin' down mi arm fi stap.

Di napkin start fi stick on 'pon di cone like glue,
so mi did jus' greedy an' nyam it too.
Den mi almos' get a heart attack,
when mi hear dat fateful 'splat'.

Mi nuh go cayliss an' mek mi cream drap a grung;
same time mi smile start fi tun upside dung.
Mi start one piece of cow bawlin', cah like a bad dream,
ev'rybaddy a tease mi, "A bay, yu naw nuh ice cream!"

JONKONU

Mi was wid mi madda when mi hear di beatin' of di drum,
when s'maddy bawl out, "Jonkonu a come!"
In di miggle of Gran' Market, dem start fi masquerade;
di fus mi eva see Jonkonu eena Christmas parade.

Mi start fi feel di excitement an' di electricity eena di air,
as dem start terrorizie di crowd fi mek dem run weh in fear.
Wil' Indian runnin' down all di people dancin' in di street
an' Belly Woman start fi push out har belly, jookin' to di beat.

Den Warrior Man start fi swing
fi him sword eena fi him han'.
an' di King an' Queen start dance togedda
in di Jonkonu ban'.
Horse Head start fi run troo di crowd,
jabbin' people wid him spear;
an' Police Man start threaten people,
wavin' him baton eena di air.

Pitchy Patchy was wheelin' inna circle
dress in colourful strips of clawt,
den di Devil start fi run mi dung, fi jook mi wid him fawk!
Mi trip an' drap, an' frighten
when di Devil ben' dung fi see if mi awright,
but mi swear him was gwine to murda mi,
so mi start fi scream in fright.

Same time mi madda run come,
fi draw mi weh an' wipe up all mi tears,
but all har hugs an' kisses
couldn't rid mi of mi Jonkonu fears.
Dat deh experience scar mi fi life,
so me naw go eva figet,
how Jonkonu did scare mi dat Christmas mawnin',
nearly half to death!

TENK YU, JEZAS!

Tenk yu, Jezas, fi all di blessins dat yu give.
Tenk yu, Jezas, fi di life dat I live.
Tenk yu, Jezas, fi mek mi see anedda day.
Fi mi family an' fren dem, Jezas, mi pray.

Tenk yu, Jezas, dat me an' mi family is alright.
Tenk yu, Jezas, fi yu protection day an' night.
Tenk yu, Jezas, fi di roof ova mi head.
Tenk yu, Jezas, fi mi daily bread.

Tenk yu, Jezas, fi di stars dem yu put inna di sky.
Tenk yu, Jezas, fi all di likkle birds dat fly.
Tenk yu, Jesaz, fi all di fish inna di sea.
Tenk yu, Jezas, fi creatin' me.

Tenk yu, Jesas, fi di flowers an' di trees.
Tenk yu, Jezas, fi wi cool sea breeze.
Tenk yu, Jezas, fi di warm sunshine.
Tenk yu, Jezas, fi yu wonderous design.

Tenk yu, Jezas, fi yu love so complete.
Tenk yu, Jezas, fi lef' mi burden at yu feet.
Tenk yu, Jezas, fi savin' a sinna like me,
Tenk yu, Jezas, fi settin' mi free.

Tenk yu, Jezas, fi pay di ultimate price.
Tenk yu, Jezas, fi yu sacrifice.
Tenk yu, Jezas, fi showin' mi di way.
Walk wid mi Jezas, dis an' ev'ry day.

JOHN CROW BATTY

Fram di spirit of rumbullion, Kill-Devil did spring,
inna di heights of slavery when sugar was king;
a spirit so potent, its infamy spread
how if lick down di devil an' kill him dead.

But fram Kill-Devil, stronga offspring did come –
di powaful white 126 ovaproof rum.
An' fram di 'whites', is di wash from the still;
annedda spirit so strang, even germs it could kill.

Is a brew dat one-time neva even legal,
now use fi medicinal purposes an' fi ward off evil;
drink inna rum bars an' use inna di rituals of wi culcha,
dat famous spirit name fi di Jamaican vulcha.

Is a spirit so foul, is John Crow Batty it name;
yu belly haffi strang like Jancro dem claim.
Oddas seh it name fi di bad smell an' taste
of di lef' ova top an' tail distillery waste.

John Crow Batty will black yu up an' lick yu dung
flat 'pon yu back, an' straight a grung.
It mek big man cry an' tun inna baby
an' mek woman figet seh dat dem a lady.

A taste fi dat deh spirit, yu haffi acquire,
cah it guh down inna yu belly like liquid fiah.
Yu haffi can hol' yu licka fi drink dat deh whites,
fi earn John Crow Batty braggin' rights.

PICKNEY TINGS

When mi was a pickney, mi used fi look fi nanny goat,
suck honeysuckle an' tun leaf inna boat.
Mi mek shame ole lady close har leaves,
an' play inna mi worl' of mek believe.

Mi used to skin off mi knee a run road race,
an' look fi buried treasure an' good hidin' place.
Mi used to catch grasshoppa an' chase buttafly,
spin roun' 'til mi dizzy an' preten' fi fly.

Mi used to kin puppalick an' do han' stan',
jump skippin' rope an' play clap han'.
Tongue twista an' nursery rhymes mi used to say,
an' ring games was a t'ing dat mi did love fi play.

Mi used to wish 'pon di first star at night,
an' ketch peenie wallie fi dem blinkie light;
ride bicycle an' sail paypa plane inna di sky,
an' watch di cloud dem as dem float by.

When mi was a pickney, mi neva feel tiad,
mi was anyting dat mi likkle heart desired.
Mi imagination was fi mi bes' fren',
cah me was rula inna my worl' of preten'.

But nowadays pickney, dem lock up inside,
wid dem electronic games an' di tv guide;
always 'pon computa, wid earphones 'pon dem head
wid tex' messages being di las' ting dem read.

Dem nuh used to having outdoor fun,
so some of dem hardly eva see nuh sun.
Instead, dem behin' closed bedroom doors,
competing fi 'likes' an' video game scores.

WALL TOLL

It look like unbenownst to me,
dem institute one toll behin' mi back.
An' mi a protes' it, caw mi no agree,
so dem betta mek hase an' roll it back.

Dem a tek dis toll ting to a new height,
far it a force di traffic fi tek a diff'rent route
an' true nobaddy waan fi pay di price,
dem a change di way dat dem commute.

All of a sudden is traffic galore;
ev'rybaddy, big an' likkle, nuh matta wah class.
Nobaddy naw travel dat way no more,
fi avoid di toll bypass.

Now traffic impactin' di area weh mi live,
in particula, mi bedroom at nights;
not to mention all di emissions dem di traffic a give,
is a invasion of mi property rights.

So mi waan all cruckkin' lizzad fi know
seh dem betta deal wid di wall toll fas',
an' stap use mi ceilin' as shart cut by tomorrow
or pick up a exit pass.

HARD EARS PICKNEY

Dem seh hard ears pickney nyam rock stone,
true dem cyaan seem fi lef' well enough alone.
Ef yu cyaan hear, yu muss feel, dat was di rule;
so me used to feel it nuff, fi always formin' di fool.

When mi was a pickney, my ears did hard,
so me always a get inna nuff trouble fi lef my yaad.
Like di time mi climb ova barb wire fence fi tek a short cut,
an' get ketch mi inna people mango tree, a full mi long gut.

Anodda time mi get inna trouble, mi was a run a likkle boat
an' nearly dead when fish bone did hitch-up inna mi t'roat.
Mi buck off mi toe regular, kickin' ball widdout shoes,
nuff glasses mi bruk rompin', an' is nuff teet mi lose.

Mi madda alway used to ask, if stick bruck off inna mi ears,
like di time me cut off mi likkle bredda hair
wid mi fada new shears.
Well, mek us jus' seh, him hair neva cut too right,
so mi get punishment from mi fadda, dat deh same night.

Him sen' mi to mi room, fi tink 'bout weh mi do wrong
but me did well stubborn, an' a likkle headstrong;
cah all me coulda tink 'bout, was Miss Mattie laying hen
an' some cartwheel dumplin', fi run a boat again.

SPARE DI ROD

Di silent police waitin' fi yu commit a crime
ready fi dispense justice at any given time,
was a t'ick ledda belt dat mi parents used to use,
before dem start fi call it chile abuse.

Mannaz an' broughtupsy was always a mus',
suh dem put di fear of Puppa Jezas eena us;
dat ledda belt eva ready fi bring on di tears,
ef yu nah nuh behaviour, or yu harda ears.

Dem gi yu beatin' fi yu stay outa trouble
but if yu rude outa road, yu get it double.
'Pon di way home, yu jus' a bawl an' a fret
'bout di nex' beatin' yu know yu gwine get.

An' as dem a beat yu, dem a tell yu nuh fi bawl,
"Yu neva did hear mi when mi was a call?
Stap di cow bawlin' an' hush up yu mout'
before mi gi yu suppen fi really cry 'bout."

Dem deh days, beatin' was cor'pral punishment,
now ban inna school by di Jamaican government.
Discipline now gawn in a diff'rent direction,
fi ensure di rights of pickney, fi dem protection.

No more raisin' di chile by di village,
now dem use time-out an' tek weh privilege.
So, di nowadays pickney dem well spwile,
cah parents sparin' di rod fi spwile di chile.

COCONUT PARK

Mi used to go Coconut Park as a likkle girl,
fi spin 'til mi dizzy inna Tilta Whirl
an' ride di Rolla Coasta dat seemed so fas';
di rush of di Scrambla, mi wanted to las'.

Mi use to love di big ferris wheel,
dat giant carousel mek fram steel.
Di way it lif' mi up so high,
mi feel like mi could jus' touch di sky.

It was always haad fi mi decide,
which Merry Go Roun' horse fi ride.
Ev'ry one of dem pretty, going up an' down,
as di carousel tu'n roun' an' roun'.

But mi fav'rit ride was di Bumpa Cyar,
di mos' excitin' one by far.
Crashin' into cyars wid long metal tails dat gi off spark,
mi always disa'pinted when is time fi park.

Now walkin' pass di giant clam shell,
where music did play an' stories did tell,
sweet memories of dat time still linga,
like cotton candy stick on 'pon mi finga.

CAH I SEH SUH

Listen to mi, no badda draw mi tongue.
Yu tink yu have strength fi mi, jus' becaw yu young?
Mi seh yu nat goin' no weh at dis ya owa,
cah di devil lookin' s'maddy like yu fi devour.

Doan question mi an' ax mi di reason,
cah fi evr'y ting, dere is a season.
Becaw I seh so, is enough explanation,
or is mi speakin' Spanish an' yu need a translation?

Yu coulda bawl blood, yu nah go noweh!
Nat even if Puppa Jezas cum offa di crass todeh.
Yu betta try walk 'pon di straight an' narrow
fi dodge di enemy flamin' arrow.

Far it look like him have yu inna him sight,
but me an' him gwine haffi fight,
far mi neva bring yu inna dis ya werl
fi grow to be dat kina girl.

"But Mammy", nutten. Dere is no excuse
fi gwaan wid any kina behaviour dat loose.
Mi will fix yu business right away
anytime yu mad an' decide fi stray.

Go learn yu book instead a tink 'bout dance
so dat in life yu can have a chance.
A good education gwine be di key
dat open up doors fi yu inna society.

As lang as yu livin' inna fi mi house,
yu go nah go lay-lay an' jus' carouse;
cah two bull nah reign inna dis ya pen.
What I say goes, so doan ax mi again.

JAMAICAN TALK

Who can describe tings nicer dan we
an' fi emphasis, say it two time an' t'ree?
Who can be more colourful when wi a trace
wid one finga pointin' up inna yu face?

Irish, Spanish, Portuguese, English an' African
mix up an' blen' up fi talk 'Jamaican'.
Fi chap bad wud regula, dat is wi vice,
an' fi get speaky-spokey when wi waan fi talk nice.

Depen'in 'pon how wi waan fi deal wid a matta
wi can switch fram English to Patwa
or reach fi Rasta fi a positive vibe;
or proverbs, fi some wisdom prescribe.

Wi mek up new wud right 'pon di spot
to add to wi cultural meltin' pot
of language dat mek Patwa so sweet,
even di soun' when wi kiss wi teet'.

How wi talk come een like a tren',
like "one love" mek famous by di Legen'.
Is nuff lyrics we have fi ketch a fiah
fi mek di whole werl get inspiah.

Patwa is di part of wi identity
dat unite our country in diversity
an' doah it mighta hard fi undastan,
is di heartbeat of ev'ry Jamaican.

INNA DI SPIRIT

Rum bar an' church neighba siddung 'pon bench
waitin' fi get serve some spirit fi quench
di parched an' di t'irsty perishin in dis life –
some tryin' fi avoid hell, di oddas, dem wife.

Fram di door dem open, dem welcome yu in
fi commune wid yu breddrin when service begin.
Ev'ry one dat enta, tek dem fav'rit seat
fi refresh demself inna watas deep.

Wedda dem chasin' rum or di Holy Spirit,
ev'rone lookin' fi fine dem comfort in it,
fi full demself wid spirit fi dull dem pain;
one fram di Fada, di odda from cane.

But di spirit dat pour out is nat di same;
one a fiah wata, di odda, God's flame.
Ida it breed 'pon yu, or it deh 'pon yu breath;
one lead to new life, di odda to death.

So, when yu come unda di infuence of spirit,
yu cup a go depen' 'pon which one in it;
far spirit will always flow like a riva,
fi ida save yu soul or mash up yu liva.

JAMAICAN PATTY

Jamaican fav'rit' fast food at lunchtime
is groun' meat season wid peppa an' thyme,
envelop inna flaky crus' dat colour wid curry;
dat a beef patty fi nyam in a hurry.

Originatin' from Englan's Cornish pasty,
Jamaicans decide fi mek it more tasty—
adding a savoury mixture of nuff, nuff, spice
fi mek di Jamaican patty juicy an' nice.

A han' pie of spicy meat an' golden crus',
is usually two, one time, dat mos' people dus'.
Some mek wid lobsta, shrimp or chicken instead,
an' more time dem nyam inside a cocoa bread.

Some tink cheese mek beef patty tas'e betta,
an' some like fi add a likkle more peppa;
but howeva yu tek it, dis brown bag lunch,
deliva a delicious an' flavourful punch.

Di workin' man knock two patty an' a drink;
a lunch so economical, dat mos' peeple tink
is one of di bes' meal dat yu could eva get,
fi full-up yu belly widdout bruk yu pocket.

But some safety precaution is requiad,
caw patty meat hot like liquid fiah.
Try nuh mek dat drap 'pon yu lap
or mek di fus bite bun aff yu roof tap.

Is lang time patty get big an' gawn abroad,
but noweh patty taste betta dan yaad.
Di Jamaican patty, yu nuh waan fi miss,
so mek sure it deh 'pon yu bucket lis'.

DIS LIZZAD

Dis lizzad, ev'ry five o'clock,
come undaneet di door
an' like him late fi appointment,
him run acrass di floor.
Den quick time, him disappear an' run go hide,
like seh him deh 'pon a mission dat classified.

Mi neva know is a wah him did really did deh 'pon,
so, mi neva really mine di daily visitation,
'til mi fine out seh dat it was fi him intention
fi have one baby intervention!

Cah dis lizzad decide seh me need a pickney fi min',
so, at ev'ry opportunity him jus' start fi climb
'pon anyting an' ev'ryting fi try fi jump off 'pon mi,
fi try him bes' fi call down pregnancy.

Mi haffi a dodge him
like seh a dandy shandy wi a play,
cah me nah nuh immediate plans
fi celebrate nuh Madda's Day.
So, mi nuh know why dis lizzad
waan me fi carry belly,
when me know dat me
is nat even near to ready.

Him mussi have secret fi huzzy
dat mi nuh know 'bout,
but nuh baby conspiracy a go gwaan in ya,
suh lizzad kirrout!
Yu ovastay yu welcome,
now gwaan outside.
Mi a cancel yu visitor's visa.
Entry denied!

MUMMY Dese days, mi fine miself gettin' very annoyed
'bout dis title, "Mummy", dat being employed
fi address mi by some big, ole grayback man,
to mi growin' irritation an' vexation.

Mi nuh undastan' nor fine it funny
how big man fi look 'pon me, an' call mi "Mummy",
cah it always mek mi feel,
like seh mi a laas mi sex appeal.

Cah nowadays, it very normal
fi dem approach mi a likkle more formal,
wid a new degree of maternal respec',
dat ironically, jus' mek mi more upset.

"Mummy" come een like di proverbial nail
drive inna di coffin of ev'ry female,
who age deh 'pon di wrong side of forty,
by some man dat big an' swart'y.

Dem naw call di man dem "Daddy",
true ev'ry big belly man a fi dem pardy;
cah dem nuh mad enough fi play dat deh game
fi get call "jackit" an' put to shame.

Fi tink dem tink, seh mi ol' enough fi be dem madda,
mek mi haffi a wonda,
if true mi have few likkle wrinkle an' some tings a sag,
if me really start fi fava, one ole bag.

But, unnu cyan call mi very vain,
mi naw go ansa to dat deh name;
cah even doah mi have miggle-age spread,
mi woulda rada dem call mi "Miss" instead.

PARADISE Wi live inna we owna Garden of Eden,
fulla tings God bless to be eaten,
A wonda if unnu know,
seh wi bless wid cho-cho, cerasee, an' cocoa.

Den yu have sweet sop, sour sop, plantain an' banana;
star apple, rose apple, custard apple an' guava.
Wi have coolie plum, hog plum, june plum an' coconat;
pumpkin, passion fruit an' di pongonat.

Sour orinj, tambrin, lime an' lemon;
sorrel, otaheite apple an' nuff watamelon.
Juicy ortanique, tangarine, an' navel orange;
avocado, ackee, breadfruit an' jimbilin.

Pineapple, papaw, jackfruit, an' cherry;
almond, cashew an' naseberry;
sweet lychee, guinep, an' nuff mango;
sugar cane, sorrel, an' tomato.

Ugly fruit, grapefruit an' di bes' coffee aroun';
nat'ral goodness, straight fram di groun'.
Jamaica is owa likkle piece of Paradise,
cah when all fruits ripe, Jamaica nice!

OVA MI DEAD BODY

Why is it, dat ev'ry time mi a walk dung di street,
ev'ry man mi pass, haffi gwaan like dog eena heat?
"Ssssst, hi sweet biscuit, come here nuh man.
Yu nuh waan mi walk wid yu? Come mek mi hol' yu han'."

Mi tink to miself as mi cut mi yeye at him
An' pass an' flash mi hair,
Yu mus' be a gas bag, cah yu a lose yu air.
Mi look like me fava dry up crackas? Is who him callin' biscuit?
Mi was gwine to ansa him, but decide seh it neva worth it.

"Den eh-eh, yu tink yu too good fi me?
Yu mussi tink seh dat yu nice.
Mi have much betta lookin' girls dan you," him seh,
"Nuff a dem, like rice."

Mi nuh pay him nuh min', an' 'tep pass,
but him a follow back a mi a trace,
so, me decide fi stap an' tun roun'
an' stare him straight eena him face.

"If yu have suh much gyal,
weh mek yu waan come tek step wid mi?
Mi a ignore yu cah yu naw nuh mannaz,
nuh likke broughtupsy.
Mek mi tell yu sumpting, me is not no 'gyal'.
Me doan suffa from low self-esteem,
so yu too comical.

If yu did waan mi attention,
all yu did haffi seh was 'Pardon mi, Miss'
but yu woulda rada disrespec' mi an' feisty yuself,
wid yu likkle ole tiad lyrics.

Me woulda neva deh wid yu,
cah yu naw nuh respec' fi woman.
Di only way dat you coulda see me,
is ef yu was mi mortician."

RACE TIME

When wi athlete dem a go race,
we haffi have a whole heap a space;
far is like seh wi a go run di race wid dem,
fi win gole medal an' sing di ant'em.
Is a time wi ban' togedda inna unity
wid di whole a di Caribbean community;
supportin' ev'rybaddy dat a race,
hopin' dat dem win or even place.

Jus' before di race dem begin,
ev'rybaddy heart beatin'
so hard yu tink it a go pop,
before dem even fiah di starting shot.
Prayas fi dem nuh pick di start of di race
fi disqualify an' get disgrace,
start go up to Amighty God ears
as di line-up 'pon di TV appears.

Now, nobaddy nuh even dare fi breed
as wi wish di athlete dem Godspeed,
fi bruk di worl' record an' win di race
an' bring ban's a glory to wi birt'place.
Afta dem tek aff wid a clean, clean start,
racing 'gainst dem foreign counterparts,
wi screamin at di TV 'til wi nah nuh voice
prayin' fi di triple, fi start rejoice.

An' when dem finally dip at di line fi di win,
pot cova haffi clap togedda fi create a din.
Di whola Half-Way-Tree lack dung
wid jubilant celebration all aroun'.
As wi athletes dem climb up 'pon di step
an' dem put di big medal dem roun' dem neck,
wata come a ev'ry yeye as wi heart fill wid pride,
as wi celebrate dem victory nationwide.

Watchin' dem 'pon di podium, as wi flag go up
an' dere decends a respectful hush,
proudly wi sing wid dem to God above,
"Jamaica, Jamaica, lan' we love".

WEH MEK?

Me waan fi know why is always night,
dat dem decide fi tun off di light?
An' why, dat fram di day mi bawn,
as likkle rain fall, *boops!* Di light gawn!

An' why when it rain,
it haffi tek two hour, fi reach weh yu a go?
Weh mek ev'rybaddy haffi drive
like dem 'pon go slow?
Why as soon as dem fix di road,
dem haffi dig it up back again?
An' why contrac' fi fix pothole,
seem to go to politician fren'?

Tell mi why we haffi get wata lock-off,
even when it a rain?
An' why we haffi wait 'til hurricane a come
before dem clean out di drain?
Tell me why di court dem always haffi back-up
like seh dem a toilet?
An' why di bad driva dem still 'pon di road
wid dem whole heap a ticket?

Me waan fi know how far di dolla a go run
an' when we a go get rid of di drugs an' gun.
Mi waan fi know, how much more
murda a go commit,
before di politician dem start fi do
sumpting 'bout it.

An' why every scandal is only a nine-day wonda?
We caan focus 'pon serious issues fi any langa?
A pure empty promise
an' pork barrel politics dem a chat 'bout.
Neva any action, jus' a bag a mout'.

CHAT 'BOUT!

When wi seh, "Jus' dung di road",
we mean seh it near, but it really kina far,
an' when wi seh "Wi deh pon di road"
it mean wi gawn go spar.
An' when wi seh, "Soon come"
dat nuh mean anytime soon,
an' when music a play an' wi seh "Brap! Brap!"
dat mean seh is a big chune.

When wi seh, "Likkle more",
it mean wi will see yu in time,
an' when yu very miserable
wi seh dat "Yu sowa like lime".
When wi seh, "Wi a go drap some foot"
it mean seh wi a go dance,
an' when wi seh "No sah!"
it mean wi nah go tek di chance.

When wi seh "Weh mek?"
wah wi really axin' yu is "Why?"
An' di people dem dat gwaan jealous
is who wi call "Red-yeye".
When wi seh "Yu too fass"
it mean seh, yu fi stap watch wi like hawk;
an' when wi seh "Yu a trow wud",
dat mean is s'maddy yu a talk.

When wi seh, "Wi gwine mark yu face",
dat mean seh wi will memba yu,
an' when wi seh "Don't it?"
it mean seh yu fi agree dat is true.
An' when wi seh "Fiah bu'n fi dat!'"
it mean seh dat wi tink dat is a sin,
an' when wi seh, "Wi a nyam an' scram"
wi ongle come fi di eatin'.

Now dat yu have a betta undastandin',
of wah wi a chat 'bout,
mi a warn yu, neva seh anyting 'bout wi madda,
when yu runnin' up yu mout'.

107

KING ALARM

When mi feel alone in di dark of night,
lack up behin' burgla bar, tight, tight, tight,
mi memba seh dat me is neva alone,
mi have di King weh 'pon him throne.

When fear fill mi wid every noise dat mi hear,
mi stap an 'memba seh dat my King is dere
an' dat him shine brighta dan any security light
an' dat fi me, Him will always fight.

Wid an army of angels jus' a call away,
all mi haffi do, is stap an' pray.
No matta what time mi call, day or night,
fi sleep peaceful an' soun' til mawnin' light.

So, when all mi a feel a anxiety an' stress,
Jesus, is di panic button dat me press.
My personal security Him tek well serious,
cah me is covad wid di blood of Jesus.

Knowin' fi mi King always watchin' ova me,
gi me peace of min' an' security;
so, mi nuh need nuh fiah arm,
mi have mi owna King alarm.

FATTA

Mi fat, mi fat, mi fat, mi fat so 'til,
mi look like mi nyam a bag a chicken pill.
Mi cyan even seh dat mi big boned anymore,
cah me woulda haffi be one dinasaur.

When mi look eena di mirror 'pon mi reflection,
an' tek a good look, 'pon closa inspection,
mi look like mi swell up like dead dog,
an' mi always feel hot an' a sweat like hog.

But it feel like seh dat is ovanight
dat all mi clothes dem start fi feel tight,
an' dat one heapa roll a skin
jus' appear, like magic, wid one double-chin.

Tings start fi rub, dat neva used to rub before
an' now 'pon top a dat, mi have cellulite galore;
den mi have swollen ankles an' nuff joint pain,
dat come een like a punishment fi all di weight dat mi gain.

But di ting dat bun mi even hotta,
is when dem start fi call mi "Fatta".
Now mi haffi a diet an' nyam rabbit food,
so mi always hungry an' inna bad mood.

Ev'ry time mi tink 'bout mi weight,
mi jus' stare 'pon di salad inna mi plate,
an' wid every forkful, mi keep on wishin'
it did taste like oxtail or curry chicken.

ABOUT THE AUTHOR

Shelley Sykes-Coley is a Jamaican of mixed Chinese, European and African heritage. After working in the creative industry for over 30 years, she decided to pursue her love for writing after a 20-year career in Marketing. Her dream of becoming a published author took root after emerging the winner of an open mic segment at the largest literary festival in the Caribbean, the 2016 Calabash Literary Arts Festival in Treasure Beach, Jamaica. Her first collection of poems, *Chat 'Bout! An Anthology of Jamaican Conversations*, is that dream come to fruition.

The author's poetry is permeated with familiar memories, experiences and conversations that highlight common Jamaican idiosyncrasies and cultural norms that contribute to the shared life experiences that sometimes Jamaicans use to 'tek bad tings mek laugh'. Her style of story telling is reflected in politically incorrect social commentary and humorous conversations.

Her wry sense of humour, use of colourful Jamaican dialect and simple conversational style easily transports audiences, bringing her highly entertaining pieces to life.

Shelley is married and lives in Kingston, Jamaica, with her husband, André.

Printed in the United States
By Bookmasters